ERRATA.

Partout où il y a le mot Fervagues, *lisez* Fervaques.

Page 17, dernière ligne, bruyent, *lisez* bruissent : mot nécessité...

Page 33, première ligne, toujours presque, *lisez* presque toujours.

En bas de la page 57, dans la parenthèse, troppe, *lisez* troppa.

LETTRE
DESCRIPTIVE

A

M. LE Cte ASTOLPHE DE CUSTINE ;

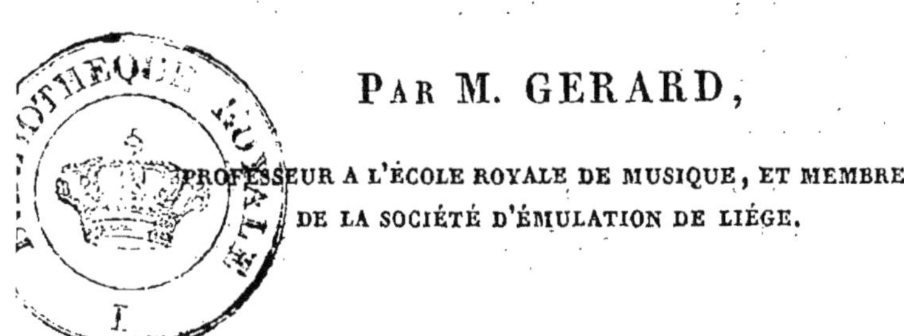

PAR M. GERARD,

PROFESSEUR A L'ÉCOLE ROYALE DE MUSIQUE, ET MEMBRE
DE LA SOCIÉTÉ D'ÉMULATION DE LIÉGE.

A PARIS,

CHEZ KLEFFER, RUE D'ENFER, N° 2.

1821.

Cette Lettre renferme une Description partielle des Jardins et de la Situation du Château de Fervaques ; la Désignation des Sites ou Paysages les plus pittoresques; et de plusieurs Promenades dans les Lieux les plus champêtres des environs, entremêlées de Réflexions générales et de quelques Observations atmosphériques.

LETTRE DESCRIPTIVE

A

M. LE C^{TE} ASTOLPHE DE CUSTINE.

MONSIEUR,

Le plaisir que j'ai eu dernièrement à parcourir de nouveau les environs du charmant séjour que vous habitez, a dû vous prouver de plus en plus combien j'aime le beau pays de Fervagues, et combien je me trouvai toujours heureux de pouvoir y passer quelque temps de suite.

Vous avez pu voir et juger que personne n'apprécie plus que moi l'heureuse tranquillité et cette vraie liberté, la liberté réelle dont on jouit à la campagne : c'est un goût inné, prédominant chez moi ; mais ce n'est pas uniquement à ce goût, à mon amour pour les champs, ni à la beauté du pays que vous devez attribuer la prédilection que j'ai si souvent manifestée pour vos rians bocages ; c'est aussi, et plus encore, à un sentiment qui m'est également naturel, le souvenir des bontés de Madame pour moi, et celui de l'accueil amical que l'on daigna toujours m'y faire.

Aussi ne quittai-je jamais ce séjour sans un peu de tristesse; c'est pourquoi, tout en vous adressant les expressions de ma reconnaissance, je me plais à remonter aux époques des jours heureux que j'y passai, comme pour y chercher quelque dédommagement à mes regrets... et la revue mentale que je fais de vos environs m'amuse et me préoccupe d'une manière d'autant plus satisfaisante, qu'elle m'est aussi une sorte de compensation à l'ennui que j'éprouve de me retrouver au milieu du bruit et des embarras de la capitale, où tant de choses me déplaisent et dont j'aime si peu de chose.

Le tourbillon de Paris est présentement pour moi ce qu'était jadis l'assourdissante machine de Marly, durant le peu d'instans que j'y restais pour la voir; et c'est surtout lorsque je viens de quitter vos paisibles vallons que le train de cette ville m'est le plus fastidieux.

N'ayant rien de nouveau ni d'intéressant à vous mander, je vais vous parler de mon petit voyage; non de celui de Lisieux à Paris, lequel a eu lieu par un temps fort triste, mais de ma course pédestre pour me rendre de chez vous à Lisieux, où j'étais attendu ce jour-là par le bon M. *Pierlot.* Cette promenade m'a été, je puis dire, plus qu'agréable, malgré l'incertitude du temps, la pesanteur et l'humidité de l'atmosphère; vous en jugerez par le récit que je m'étais proposé de vous en faire à mon retour, et que voici....

Dès que j'eus dépassé le point du circuit d'où je pouvais encore apercevoir la flèche du clocher de Fervagues, je fus si charmé de l'aspect d'un petit bois vers lequel je me dirigeais (au-delà de *Saint-Jean-de-Livet*), que je ne pus résister au plaisir d'aller le visiter : ce bouquet de bois a pour lisière, de ce côté, un petit chemin en guise de ravin, bordé de quelques arbres; c'est par là que je tournai la côte et que je parvins jusqu'à son sommet; je voulais jouir encore quelques momens du beau coup-d'œil de votre fertile vallée, et des jolis coteaux qui la bordent du côté opposé.

Le site dont je parle est situé presque vis-à-vis d'un vieux château ou manoir que l'on voit sur la gauche avant d'arriver à *Saint-Martin* (1); c'est de là que je jettai un dernier regard vers le séjour que j'abandonnais; mais je n'aperçus que les masses

(1) Lieu où l'on se rend exprès pour voir les plus beaux hètres du canton.

des bois dits *du verger*. Tandis que je me reposais, le dos appuyé contre le tronc mousseux d'un chêne isolé, je vis avec joie reparaître le soleil; je ressentis en ce lieu la douce influence des premiers rayons qui embellirent et vivifièrent le canton ce jour-là; bientôt cet astre parut radieux, tel et comme au moment de la prière, lors de la bénédiction de la chapelle de Fervagues (1), formant tout de même sa brillante auréole à l'aide et au centre de quelques nuages arrondis, balancés mollement dans les airs, et comme stationnaires en ce moment, afin de lui laisser le temps de frapper nos regards de tout son éclat.

Ce ne fut qu'après avoir remarqué ces objets et en avoir saisi l'image de manière à ce que je pusse vous les retracer, que je regagnai mon chemin en côtoyant le susdit bois par un sentier qui aboutit à une *cour* ou ferme que je traversai, laquelle se fait remarquer par le jeu du terrein de ses vergers, par les ruisseaux qui les arrosent, comme et aussi par la bâtisse assez singulière du principal corps-de-logis; le bas de ces vergers borde la grande route de Fervagues à Lisieux.

(1) Par M. de Brault, évêque de Bayeux, en octobre 1819.

Article II.

S'il ne s'agissait cette fois que d'une lettre ordinaire, Monsieur, celle-ci serait déjà assez longue; mais en vous faisant le récit que vous venez de lire, il m'est venu à l'esprit de tracer aussi quelques-unes de ces jolies promenades que j'ai faites tant de fois dans vos environs; ce qui m'a conduit insensiblement, et sans préméditation, à me retracer et à donner une idée partielle, sinon à faire une description détaillée, de vos jardins, de la situation de votre château, de ses points de vue et des divers aspects qu'il présente, et enfin, de vos hameaux et de quelques-uns des sites environnans. Ainsi, j'oserai donc vous entretenir un peu longuement, trop longuement peut-être, de votre propre pays, bien que vous l'ayez sous les yeux et que vous le connaissiez mieux que moi.

Je sais, néanmoins, et je ne me dissimule pas tout ce qui me manque pour traiter dignement un pareil sujet; aussi ne chercherai-je point à revêtir mes pensées et mes remarques de tous les ornemens de la poésie; je n'invoquerai ni le Dieu de la lyre, ni ses compagnes; je n'irai point me prosterner aux pieds du Parnasse pour y tremper ma plume dans l'Hippocrène, ni pour implorer leur divine assistance: mais il est des déités plus humbles, par conséquent moins rétives, dont les secours me sont plus essentiellement nécessaires ; celles-là, je les appellerai sans cesse à mon aide ; et, j'en suis certain, elles répondront à ma voix (1).

Ainsi, sans désirer ni vouloir m'élever jusqu'à cette hauteur d'où l'aigle plane sur tout un pays qui se rappetisse sous ses yeux ; sans avoir les ailes d'un Zéphir pour franchir à l'instant les espaces qui m'en séparent et aller les visiter de nouveau ; sans avoir, dis-je, et sans envier la douce voix de Phylomèle pour ajouter à tous leurs charmes en les chantant, je poursuivrai la douce tâche que je m'impose ; je donnerai une idée, quelqu'imparfaite et superficielle qu'elle puisse être, du séjour et de la belle contrée que vous habitez.

---

(1) La mémoire, proprement dite, qui rappelle les souvenirs des faits et des choses passées ; celle de la vue, laquelle conserve l'image des lieux et des objets ; celle de l'ouïe, qui rappelle et renouvelle même, jusqu'à un certain point, les impressions reçues et les émotions ressenties par le souvenir ou soit par l'idée du même bruit ou des mêmes sons ; et aussi celle du cœur, laquelle, si l'on peut le dire, conserve toujours le souvenir des bienfaits et des bons procédés.

Promenade dans l'avenue et dans les jardins du château.

Après avoir remarqué les nouvelles plantations d'arbres qui bordent la partie du grand chemin de Lisieux, près de Fervagues, je m'arrête un moment dans l'avenue pour y écouter le claquet des moulins, lequel se joint au bruit des eaux qui fuient de tous côtés ; et avant de passer sur le ci-devant pont-levis, j'élève mes regards vers la tour à créneaux de l'antique castel attenant au château moderne, sous la voûte de qui l'on passe pour entrer dans la cour, dans cette grande cour qui ressemble à un jardin, par les tapis verds et par les massifs qu'elle renferme, comme et aussi parce qu'elle fait partie des jardins du côté de la rivière.

Je passe de suite sous le vestibule et j'entre dans le jardin de l'ouest par le pont qui de ce côté tient au château; j'y parcours d'abord les allées fraîches et voûtées qui l'entourent; j'y revois le verger et les petites pépinières qui avoisinent la serre, et tout ensemble les milliers de plantes qui ornent de toutes parts l'utile potager, ainsi que les autres jardins.

J'entends à peu de distance le bruit sourd des cascades; de toutes ces eaux vives qui se roulent sur des cailloux, et viennent de dehors se précipiter dans les larges canaux qui ceignent en tous sens les jardins et le château : je me figure ouïr et revoir encore toutes ces naïades que tant de feuillages et d'épais buissons enveloppent de mystère ; toutes ces sources qui s'échappent en ruisseaux sinueux à travers les haies des vergers, et semblent tenir à la vie par leurs murmures.

De-là je m'achemine vers le jardin de l'est, tout en parcourant des yeux ces longues nappes d'eaux qui s'étendent en lignes droites et nous paraissent comme argentées, dès qu'elles se trouvent être placées dans la direction du soleil à quelque distance entre nous et lui, et dont le crystal ou les superficies augmentent alors la clarté du jour par leurs brillans reflets ; j'y mire en passant les arbres et les arbustes plantés sur leurs bords, dont ces belles eaux reçoivent et nous rendent l'image : j'aperçois de même, et tout ensemble au fond de ces canaux, le disque du soleil, et le ciel et les nuages, lesquels semblent toucher à la cime des hauts peupliers et des grands arbres que l'on y voit comme renversés, dès que, dans leur immobilité et par leur limpidité, les eaux placent faussement, mais visiblement à notre nadir, dans leur apparente profondeur, tout ce qui est réellement à notre zénith.

Ensuite, après avoir reposé mes yeux sur la fraîche verdure du pré qui est au sud, vis-à-vis l'une des fenêtres du salon, et avoir passé sur plusieurs des jolis ponts qui ornent les jardins et communiquent de l'un à l'autre, j'arrive à celui de l'est. Là, parmi tant de détails agréables qu'il serait par trop long d'énumérer, j'aperçois du côté et en deçà du moulin, la retraite chérie d'Elzéar (de M. le comte de Sabran), ce berceau solitaire formé d'un beau frêne pleureur, lequel est placé là, tout exprès, pour aller lire ou rêver *tranquillement*, au bruit de la grande cascade, dont les eaux tournillent et bouillonnent à ses pieds avant de s'écouler rapidement vers le pont d'entrée du château; je revois aussi le petit îlot qui est placé en face de ce berceau, au milieu du confluent des eaux de deux bras de rivière, lequel renferme un groupe de quatre ou cinq arbres dont le feuillage le couvre beaucoup plus qu'entièrement.

A côté, un peu à droite, est le sentier favori de M. l'abbé Gibelin, où il aime à faire ses petites promenades d'hiver et d'automne, attendu son exposition au sud; cette allée, partie ombragée et partie ouverte, est entièrement abritée du côté de l'est par une suite continue d'épais massifs; elle borde ce joli tapis de verdure où tombe, en s'échappant de la rivière ; le ruisseau qui partage cette prairie dans sa largeur, y fait une seconde chute vers le milieu en passant sur quelques pierres brutes qui servent à le traverser ; d'où il fuit en murmurant, et va se rendre dans la fausse rivière qui coule près de là.

En me dirigeant de ce côté, je m'arrête un moment sur le pont qu'il me faut d'abord traverser ; je remonte des yeux ce bras de rivière, et j'y observe encore, comme avec une sorte de vénération ou de stupeur, le sombre et silencieux aspect qu'il présente aux regards sous l'espèce de voûte que forment les branchages touffus des buissons et des arbres plantés sur ses bords ; j'y vois et leurs ombres par masses, et les touffes séparées, et jusques aux feuilles isolées de leurs rameaux, ainsi coupées par les rayons du jour, se dessiner et se peindre en noir sur la superficie des eaux, y frémir et s'y jouer obscurément pour peu que le vent les agite (1). De là, je m'achemine, le long de la prairie, vers cette jolie tente qui est placée au bout de ce jardin au milieu d'un groupe de hauts peupliers, entourée d'épais massifs et de rosiers du Bengale ; c'est dans cette tente ou

---

(1) Depuis peu l'on a élagué cette bordure d'arbres et de buissons.

kiosque, que, de fois à autre, pendant les beaux jours, l'on va pour causer, faire la lecture, ou sommeiller au bruit de la chute des eaux qui tombent tout auprès en larges nappes dans ce bras de rivière : je vais, en passant, m'y reposer quelques momens.

Article III.

Mes Rêves.

Entre temps que je cherche et que je me plais à retracer ici les petits soins journaliers de la châtelaine, je m'assoupis malgré moi.... ma tête tombe sur ma plume, et ma plume par terre.... mes yeux se ferment.... je sens que.... je m'endors.... je rêve que je vois encore Madame, comme lorsqu'au sortir de déjeûner, et après avoir jeté quelques petits morceaux de pain à la file de poissons qui passent ordinairement sous les fenêtres de la salle à manger vers cette heure là; elle porte et va de tous côtés donner à manger à ses bêtes, à la chevrette et au bélier, aux cygnes et aux canards; et puis, s'étant débarrassée de tous ces hôtes qui, ne pouvant la suivre partout où elle va, la suivent au moins des yeux d'aussi loin qu'ils le peuvent ; je la vois, dis-je, avec l'ami et quelques autres personnes, se diriger vers la serre neuve, visiter en passant les milliers de plantes et d'arbustes qui ornent et peuplent aussi ses jardins potagers....

J'aperçois de même madame de Boufflers faisant sa petite promenade accoutumée de ce côté des jardins, le long des canaux, et le plus souvent dans la grande allée couverte qui conduit à la chaumière. Je la vois qui tournille çà et là, qui jette aussi quelque chose aux habitans des eaux; puis revient sur ses pas, s'arrête, regarde autour d'elle; et enfin s'assied sur l'un des bancs à bras, placés à l'entrée de la voûte de feuilles qui entoure le jardin de ce côté du château.

En cet instant, j'ouvre les yeux.... Le calme le plus profond règne autour de moi..... Pas le plus léger souffle d'air n'agite les feuillages.... Les oiseaux ont cessé leurs concerts; les cascades seules continuent les leurs.... Je veux reprendre le fil de mes rêveries.... Mais cette fumée des esprits et de l'imagination s'est déjà dissipée.... C'est ainsi que, durant le cours de la vie, nos projets et nos espérances, et nos désirs et nos prétentions, et les milles chimères qui nous passent par l'esprit, après lesquelles nous ne cessons de courir dès l'enfance jusques à l'extrême vieillesse, nous éblouissent un moment..... C'est ainsi que tout se succède et fuit.... Tout s'affaiblit, même dans la pensée.... Enfin, tout s'oublie, disparaît ou s'évanouit.... Entre temps, je me suis assoupi de nouveau.... Mes yeux se sont refermés.... Et moitié éveillé, moitié endormi.... je m'entretiens de la sorte avec moi-même.... J'argumente et disserte tout ensemble, sur la nécessité du repos.... sur le bien qu'il procure, les peines qu'il dissipe ou diminue, et les douleurs qu'il adoucit; et je parviens ainsi à me prouver clairement, et sans réplique, qu'il est bien doux, tout aussi doux que naturel, de s'y abandonner.... de céder au sommeil, à ce dieu des songes et réparateur des forces, dès qu'il étend ses ailes sur nos paupières appesanties; qu'il veut nous dérober momentanément la vue et l'ouïe des choses réelles; qu'il fait taire nos sens, arrête ou suspend leur action, et nous retient malgré nous en sa puissance.... Car alors, me dis-je, non-seulement il serait pénible et fâcheux, mais nuisible à nos facultés physiques et intellectuelles, de vouloir lui résister....

C'est aussi, comme il m'arrive en ce moment, lorsque la fatigue et la chaleur du jour se joignent à une atmosphère pesante; qu'après s'être rassasié, avoir joui de ces plaisirs simples, mais vrais, que nous procurent, et la vue de tant d'objets agréables, et l'ouïe des harmonies naturelles, et le parfum des plantes et des fleurs dont l'air est embaumé, l'on est comme accablé de tant de jouissances réunies : lorsque l'on se trouve, comme ici, dans un de ces lieux enchantés qui offrent tout à la fois aux sens et à l'imagination les mille attraits et tout le charme supposé des jardins *d'Armide*; au milieu d'un petit archipel d'eaux et d'îlots, de grandes et petites cascades dont le bruissement sauvage et continuel, tantôt plus fort ou plus faible, me semble être aux chants des milliers d'oiseaux qui se jouent dans les massifs, ce que la *grave pédale* est aux mélodies lointaines de plusieurs voix ou instrumens concertans, alors que leurs accords sont successivement renforcés, diminués ou affaiblis par les souffles interrompus des zéphirs, et se marient plus ou moins harmonieusement entre eux.... Non pourtant que ces harmonies soient ici semblables à celles que nous entendons de plus près sous les lambris, ni qu'elles y aient le même charme; mais telles, et non moins attrayantes pour quiconque aime et observe les effets naturels, telles qu'elles se forment fortuitement ou accidentellement, par le concours des élémens et des choses physiques, soit sur les rives des fleuves, soit aux pieds des montagnes ou des collines boisées; soit enfin dans ces vallons, plus ou moins spacieux, où le bruit des eaux et celui des vents qui s'y précipitent, sont répétés et portés au loin par les échos, et forment ces harmonies qu'il faut entendre sous le toit paternel de tous les êtres, la voûte des cieux....

Un bruit sourd et lointain me tire enfin de mon assoupissement.... Mais quel changement s'opère.... Il n'en est plus ainsi que je disais.... Le temps, l'aspect du ciel, tout a changé.... Ces douces harmonies dont je parlais font place à d'autres.... Des éclairs sillonnent les nues.... Le tonnère gronde et s'approche.... Les aquilons soufflent avec violence et dispersent les zéphyrs.... Leurs sifflemens se font entendre par intervalles et se renforcent à chaque fois.... La pluie tombe obliquement, emportée par leurs courans, et, tels que, quand ils se joignent à des torrens qui se précipitent avec fracas dans les gorges étroites des montagnes et y augmentent leurs flots par cette prompte réunion, ainsi ces vents furibonds redoublent au fond de cette vallée leur force d'impulsion et leur intensité... Tels aussi, et de même que les mâts d'un vaisseau battu par la tempête s'abaissent et se relèvent sans interruption; les hauts arbres et les arbrisseaux se courbent, se redressent aussitôt et sans cesse....

Les eaux sont également agitées.... elles s'élèvent au-dessus de leur niveau; et leurs ondes, poussées en tous sens, *bruyent* en s'entre-choquant.... Tout est en mouvement jusques aux menues plantes et aux herbes des prés.... Et le bruit majestueux de la foudre qui retentit de tous côtés et imprime partout la terreur, donne une teinte de grandeur au tableau, et ennoblit le concert des élémens....

Je demande à tous les amateurs des petits ou grands spectacles que l'on courre et que l'on recherche tant dans les villes, pour qui l'on va se renfermer, s'encaisser et étouffer entre quatre murs; je demande, dis-je, si les tableaux et les concerts ci-dessus décrits, sont moins dignes de nos regards, de notre ouïe, et de toute notre attention, qu'une belle décoration théâtrale, une ouverture ou une ariette.... ou soit une représentation quelconque de mélodrame, d'ombres chinoises ou de marionnettes?.. Mais.... Il est temps que je sorte de cette tente, où je suis comme enchanté : le temps me force à remettre à demain la promenade que je me proposais de faire aujourd'hui.

ARTICLE IV.

Promenade aux environs du château.

Je sors des jardins par la petite porte du sud : je me dirige d'abord par l'herbage et le long du canal qui clos la prairie et le potager de ce côté vers la ferme de Cheffreville : je passe par les vergers de cette belle ferme, et, chemin faisant, je revois l'ancien manoir (actuellement réparé et habité par la famille du fermier), où j'entre un instant pour y visiter la chapelle. Puis, je suis le sentier d'un champ labouré, par où je gagne insensiblement les hauteurs qui dominent la vallée au couchant sud-ouest du château : je m'arrête à l'angle du joli bois de ce nom, pour y repaître mes yeux du beau coup-d'œil qu'offre ce point élevé ; et avant de tourner ce bois par la gauche ou par la droite, d'y entrer et de le parcourir, ou soit de le traverser directement, par la plus proche et la plus sombre de ses allées, je m'établis où je suis, afin d'y observer et d'y jouir à longs traits de tout ce que j'ai sous les yeux, sans que je veuille pourtant y prendre racine.

Après quoi je me décide pour le plus court ; je traverse ledit bois et le champ qui y touche, du côté du nord : je redescends jusqu'à mi-côte de la vallée par le chemin creux qui y conduit : après avoir pris de suite sur la gauche et cheminé pendant quelques momens le long des prés, je suspends un instant ma marche (par respect pour la naïade qui me barre le chemin) avant de sauter ou de passer à gué ce ruisseau, dont le murmure plaintif me touche, et lequel chuchotte en fuyant le long de l'herbage que je suis pour aller au moulin à *Tan*. Entre temps, je remarque successivement les divers aspects que présente le château vu d'en-bas de la vallée dans les deux sens : arrivé sur le pont, je remonte des yeux le beau canal extérieur qui longe le *préveron* ; je m'amuse aussi à regarder la chûte des eaux qui passent sous mes pieds et tombent à grands flots dans le bassin de ce petit moulin.

Je passe de suite de l'autre côté de la vallée : je monte, mais très-lentement, la côte qui me fait face, comme pour aller à la ferme du verger : parvenu à la lisière de l'un des bois de ce nom, à cette terrasse d'où la vue embrasse un magnifique horizon et tout le pittoresque des sites environnans, je la parcourre doucement jusqu'à l'entrée de ladite ferme, dont je traverse les vergers ; j'y revois en passant le vieux colombier et les bâtimens isolés qu'ils renferment : après quoi j'entre dans l'un des bois qui sont à l'autre bout et au-delà ; je suis cette direction pour gagner l'une des belles allées qui les coupent en tout sens sur les hauteurs, et lesquelles aboutissent presque toutes au grand chemin de l'*Est* qui les partage en passant à travers.

Ayant suivi cette allée et rejoint le grand chemin qui est à ma droite, je redescends la côte tout aussi lentement qu'il faut la monter, et je fais une station à l'angle de l'un de ces bois, à l'extrémité de l'avenue où est située la chapelle, position d'où l'on plane sur le bourg et l'église de Fervagues. Après cette station, et au lieu de redescendre l'avenue, je suis la lisière de l'autre bois; je longe de suite les vertes prairies qui sont au-delà, et je fais le tour du quarré de ce champ labouré que j'ai à ma droite, en passant à côté et derrière la jolie maison de M. *Du Haut-Champ*, avant de rentrer à ma chambre, où j'ai besoin de prendre quelque repos.

Points de vue du château.

Ici je me retrace les divers points de vue pris des fenêtres, principalement de celles des deux grands pavillons du *sud* et du *nord* (1): je promène mes regards sur ces longs herbages peuplés de nombreux troupeaux; sur ces vastes prairies que l'on y voit fuir aux deux extrémités de l'horizon, lesquelles sont arrosées par les ondes limpides d'une petite rivière

(1) C'est dans ce dernier que l'on vient voir l'appartement où Henri IV a logé; son lit, la table sur laquelle il écrivait, et les autres meubles, s'y trouvent encore tels qu'ils étaient alors.

dont le cours les partage et serpente dans toute leur étendue (1). J'y revois cette suite de moulins qui, placés à la distance d'environ un ou deux mille les uns des autres, y forment autant de petits paysages ou groupes champêtres ; et d'autant plus agréables à voir de près, que les mazures dont ils se composent sont partout entourées, couvertes ou entre-coupées d'arbres et d'épais feuillages ; de ruisseaux ou bras de rivières dont les eaux *bruissent* en tombant de tous côtés, fuyent et s'échappent en gazouillant sur le cailloutage du chemin qu'elles traversent pour regagner le lit tortueux dont elles ont été détournées.

Article V.

De la chapelle de Fervagues.

La station que j'ai faite à cette chapelle dans ma précédente promenade, m'a rappelé la belle et touchante cérémonie qui eut lieu le jour de sa consécration. Comme cette solennité mérite une mention toute particulière, et bien que le récit *descriptif* ou le tableau figuratif de cette scène demandât un pinceau

(1) La rivière de Touques.

plus habile pour le dépeindre, nonobstant, j'oserai lui consacrer un article de ma lettre : j'en retracerai le souvenir par quelques particularités, comme et aussi par quelques-unes des réflexions que le site et l'objet de cette cérémonie m'inspirèrent. J'observe en premier lieu, que si le temps n'eût point été constamment mauvais, et n'eût point forcé à remettre la procession à un autre jour que celui fixé d'avance, le grand concours de monde qui devait s'y rendre de tous côtés, eût de beaucoup augmenté l'intérêt et agrandit le tableau de cette fête ; néanmoins elle fut des plus intéressantes, malgré l'incertitude du temps et celle du jour auquel elle pourrait avoir lieu.

Je me rappelle la vive impression que le sermon du digne évêque de Bayeux fit sur l'esprit des assistans (1) : et aussi, cette sorte d'étonnement religieux qui se manifesta parmi eux, et que tous éprouvèrent, quand, un peu avant et au moment de la bénédiction, le soleil éclipsé depuis plusieurs jours par d'épais nuages, reparut soudainement, dirigeant ses rayons sur la chapelle et sur

(1) Après l'office solennel, et étant sous le dais, dans l'église paroissiale de Fervagues.

les groupes de personnes prosternées; et que, par cette subite apparition, il sembla vouloir assister et participer à la prière.

La position de cette chapelle, érigée à la Sainte-Vierge, est remarquable sous plus d'un rapport; non-seulement elle est située sur une éminence, et à l'extrémité d'une belle avenue, de manière à être aperçue de tous les points des environs; mais elle est aussi à l'entrée et comme à l'ombre d'un bois de chênes qui la couronne et la protége : je dis qu'il la protége, puisqu'il contribue par son aspect noble et imposant à inspirer le respect, le recueillement et la piété du passant; comme il semble aussi, dès que son ombre épaissit les ténèbres, intimider le méchant; le menacer de la vindicte du ciel; enfin, accuser l'esprit de l'impie du manque d'un salut pieux, et son cœur du défaut d'une prière.

Il est d'autres particularités encore que je crois aussi pouvoir rappeler, puisqu'elles se rattachent plus ou moins directement à la circonstance de cette consécration : ce sont les contrariétés que l'on éprouva d'abord, et puis les inquiétudes sans cesse renaissantes que l'on eût au sujet de la cérémonie, attendu le mauvais temps qu'il faisait lors, et encore le lendemain de l'arrivée de monseigneur au château.

Or, comme je prenais une grande part d'intérêt

à la procession qui devait se faire de l'église à la chapelle, je fus porté tout naturellement à observer le temps, ou soit l'état de l'atmosphère, avec un peu plus d'attention que de coutume : ainsi, et comme les petites remarques que je fis alors à ce sujet, se lient en quelque sorte au précédent recit, je me permets de passer de celui-ci à la peinture des effets atmosphériques de ce jour, et de quelques-uns de ces phénomènes physiques qui charment en même temps la vue, et élèvent la pensée de quiconque les médite en les observant.

Observations atmosphériques.

Cette journée fut des plus remarquables sous le rapport des variations successives que présenta l'atmosphère : dès le matin un brouillard très-épais remplissait presqu'entièrement la vallée; il y figurait comme un bras de mer, ou comme une grande rivière qui en nivelait les bords, et la faisait ainsi disparaître aux yeux de ceux qui l'apercevaient des hauteurs voisines : la majeure partie de ce brouillard, au travers de qui je vis paraître un instant le soleil comme un point lumineux, ne tarda point à s'agiter sensiblement ; à remonter et à retomber bientôt en une petite pluie. Il s'établit ensuite une sorte de brume partiellement répartie et dont les formes variaient sans cesse.

Cependant le temps restait calme : l'air était doux, chargé de vapeurs légères peu élevées au-dessus des côteaux ; durant l'office ces masses informes s'élevèrent davantage, et peu à peu se transformèrent en nuages groupés sur plusieurs points : tels et comme dans les belles saisons de l'année, quelques heures après le lever du soleil, on les voit s'élever de la mer, des rivières et des bois ; puis se détacher et prendre toutes sortes de formes dès que la chaleur les dilate ou que l'action de l'air en divise les longues masses. Après quoi, et à travers les éclaircies que les nuages laissent entre eux, l'on voit enfin reparaître l'astre du jour, et ses rayons se dessiner çà et là par des lignes transversales à l'horizon. Tel fut l'état du ciel, ou soit le tableau atmosphérique du jour de cette solennité.

ARTICTE VI.

Des fêtes du château.

Maintenant, Monsieur, il me faut remonter aux premiers beaux jours de Fervagues pour moi ; mais comme le souvenir des heureuses époques de ma vie ne peut s'effacer de ma mémoire, je m'en rappelle aussi parfaitement, et jusqu'aux moindres circonstances, que si elles venaient d'avoir lieu : et certes de ce nombre sont les charmantes fêtes données à Fervagues à madame de Custine. Je vais donc, par un récit très-succinct, renouveler la mémoire de quelques-unes d'entre elles.

Je me représente encore les joyeux et mystérieux apprêts de ces solennités annuelles, le concours et le zèle de tous les habitans du vieux château pour les célébrer; j'entends de même les accords de la *précieuse* guitare qui faisait retentir vos échos; je revois aussi cette belle chaloupe mâtée, ornée de festons et éclairée de feux de diverses couleurs, voguant de toutes parts au milieu des canaux; je me représente, dis-je, ces danses ou *rondes* formées sur l'herbe du préveron, ce concours de monde qui remplissaient les jardins et s'y promenaient à la clarté des illuminations qui bordaient toutes les eaux, et y figuraient, aux doux reflets de la lune qui présidait à la fête, comme ces ombres que l'on voit dans une décoration des Champs-Élysées à l'opéra de Paris : enfin, l'aspect de ces danses et du mouvement de la foule qui s'y précipitait, formant comme une sorte de tableau magique, dans les jardins et les prairies qui environnent le château, vu des hauteurs voisines.

Cette époque est celle de la double fête qui eut lieu, je ne sais quelle année, et dont le second jour se passa tout entier dans le creux de l'un des bois du verger, à côté d'un grand et beau chêne, dont le tronc porte encore les marques du double chiffre de Louise et de Louis, lequel y fut gravé ce jour là; or donc, cette scène joyeuse eut lieu à l'entour, et sous le ciel feuillé d'une tente formée de pieus et de branches d'arbres entremêlées de guirlandes, salon rustique et champêtre, lequel fut dressé dès l'aube du jour, et où, conduits le matin par des chemins détournés, sans savoir où l'on allait ni de quoi il s'agissait, l'on passa si agréablement cette seconde journée.

Je crois devoir rappeler aussi, avant de passer à une autre époque, et comme se rattachant plus ou moins à l'anniversaire de ces fêtes, les jolies parties de campagne que l'on faisait alors tous les ans au château de MM. de Guitry, dans la vallée d'Orbec, et aux environs (1).

(1) Les jardins de ce château renferment une vaste tombe que l'on croit être du temps des druides; c'est une masse énorme de forme ronde, couverte et entourée d'arbres; elle est tellement élevée que l'on a quelque peine à la gravir.

Voyage de Fervagues à Honfleurs.

Cette époque est je crois la dernière de ces fêtes annuelles à laquelle j'ai pu assister ; et comme c'est ici le lieu d'en rappeler aussi le souvenir, je vais en rapporter les principales circonstances. Je commence par en tracer le petit itinéraire, en reprenant le chemin, que nous avons d'abord suivi, de Fervagues à Lisieux : si quelqu'un veut m'y suivre, je le conduirai à peu de chose près jusqu'à l'extrémité de la vallée du côté du nord : bien que ce soit particulièrement à la mémoire de ceux qui l'ont fait avec moi, que je me plais à rappeler ce petit voyage.

Je ne puis désigner particulièrement aucun des nombreux sites qui bordent cette belle et riche vallée entre Lisieux et *Pont-l'Evêque*, lesquels embellissent le cours sinueux de la petite rivière de *Touques*. Je n'entrerai pas non plus dans le détail des apprêts faits à la hâte pour cette course un peu lointaine, bien qu'ils fussent de nature à être spécifiés ; je dis dans le détail des mesures qui furent prises à l'avance, et en secret, pour que la fête de Madame eût lieu en voyage, malgré la défense expresse de la célébrer cette année-là ; je rappelle donc tout simplement sa surprise à notre première couchée, et tout le plaisir qu'en éprouva la joyeuse brigade; de là notre arrivée à *Pont-l'Evêque*, et de suite à Honfleurs, terme et but du voyage.

Je me souviens que, sitôt après la descente à l'auberge, l'on fit d'abord la visite du port de cette ville; et que, malgré les grosses ondées qui se succédaient, l'on se mit de suite à gravir la côte de l'ouest par des sentiers étroits, rabotteux, et presqu'à pic, pour aller à Notre-Dame-de-Grâces, à cette petite église ou chapelle, laquelle est située sur la gauche, à l'entrée de l'esplanade ou plateau que l'on trouve au sommet de cette côte; après y être resté quelques momens et avoir de suite traversé la pelouse, l'on y fit halte pour jouir de la perspective des côtes opposées, et entendre le bruit des vagues qui mugissaient au-dessous de nous; ensuite de quoi l'on prit un guide, et nous parcourûmes tous les points élevés qui dominent la mer de ce côté.

L'un de ces points d'où l'on découvre le mieux la vaste étendue de cet élément, est une hutte ou cabane construite peu de temps auparavant pour y signaler les vaisseaux anglais qui paraissaient se diriger sur nos côtes; de là l'on voit plus distinctement encore, à la distance d'environ trois lieues, ce cap ou promontoire qui s'avance dans l'océan, le phare et les forts qui sont au haut et sur les flancs des monts ou rochers qui dominent la ville et le port du *Havre-de-Grâce*.

Non loin de ce port, un peu à droite, l'on apperçoit la ville et les côtes de Harfleurs, ensuite le pays de *Caux* et tout le littoral de l'embouchure de la *Seine*. On y remarque aussi, et tout ensemble, la surface de ce bras de mer que les eaux partagent comme en deux parties égales par la couleur jaunâtre des unes, et le verd foncé des autres; l'on y découvre enfin tout le contour ou bassin des parages de ces deux ports, et dont celui de Honfleurs offre une suite de coteaux boisés, lesquels s'étendent à l'*Est* vers l'entrée du fleuve dans cette longue et large baie.

Après avoir bien observé les choses et les lieux que je viens de désigner, nous descendîmes la côte par un chemin des plus rocailleux pour revenir par en bas, pendant le reflux, afin d'y marcher sur le sable mouvant du rivage, d'y entendre le bruit de la houle, et d'y voir le mouvement des vagues de plus près.

Je passe sous silence l'aventure aussi singulière qu'amusante qui fut cause de la disparition momentanée de l'un de nous, de son retour un peu tardif à l'auberge, et de l'espèce d'inquiétude qu'il causa par ce retard.... J'achève donc mon récit en rappelant, par quelques mots, le bon voyage que nous fîmes le lendemain, malgré la profondeur des ornières dont on sut se tirer; et puis le bon souper que l'on nous servit à *Pont-l'Evêque*, et notre joyeuse couchée; et enfin, après quelques petites aventures, notre retour au château par la même route et les mêmes lieux, les uns roulant plus ou moins doucement dans une calèche bien et duement suspendue, et les autres chevauchant gaiement, malgré vent et marée.

ARTICLE VII.

Promenade vers l'église *et aux environs* de la Croupte.

De retour à Fervagues, et m'étant reposé de notre course à Honfleurs, je vais, Monsieur, parcourir de nouveau d'Aval et d'Amont, les pittoresques alentours des vallons et des bois qui avoisinent le village ou hameau de la *Croupte*, au *Sud-Est* du château. Je sors par le jardin qui est de ce côté; je passe la rivière et traverse l'herbage pour gagner le chemin de *Courson*; je quitte bientôt celui-ci et je prends sur la gauche par un petit chemin moitié couvert qui passe entre plusieurs enclos, et aboutit dans l'un de ces champs où les pommiers, plantés à quelque distance les uns des autres, sont toujours presque régulièrement alignés.

J'en suis le sentier d'en bas, puis je passe çà et là par quelques-uns des détours creux, ou soit des bras alongés et fourchus de la vallée ; je suis la lisière des côtes boisées que je laisse à ma gauche ; chemin faisant, je m'arrête et repose mes yeux sur la belle verdure des prés qui sont à ma droite ; de là je m'achemine par en bas dans le vallon qui conduit à l'église ; après l'avoir vue et remarqué sa position, je prends par la droite, et j'arrive bientôt dans les grands bois de la *Croupte;* je m'y dirige vers le petit vallon appelé *Valsery,* dont les maisons éparses çà et là, et placées par échelons, ne s'aperçoivent guère si ce n'est par les traînées de fumée qui s'élèvent en forme de colonne au-dessus de leurs toits, ou fuient obliquement à travers les masses de verdure qui les dérobent presqu'entièrement à la vue.

Après cela, je regagne la lisière ou terrasse qui est à mi-côte entre les deux vallons, d'où l'on a un très-beau point de vue ; puis je descends et remonte de suite dans les bois de la gauche, dont je parcourre les belles allées et les sentiers mousseux, tout en me dirigeant vers la ferme appelée la *Maignerie;* et en continuant, dans cette direction, je reviens par la côte la plus rapprochée du bourg, en descendant le chemin appelé *l'échelle de Jacob.*

Promenade au sud du château.

En allant par les herbages jusque vers le village de *Courson*, l'on revoit toujours avec plaisir cette suite de petits vallons, presque tous environnés de bois, lesquels se succèdent le long et sur la droite de la vallée, et dont les aspects varient à chaque heure du jour lorsque le soleil est sur l'horizon.

Après ceux de *Saint-Aubin* et de *Vaumière*, près et vis-à-vis Fervagues, viennent ceux de *Cheffreville* et de *Tonancourt;* puis celui du *Bas-Bellouet* qui est en face du château de *Bonne-Val*, un peu au-delà du joli moulin de ce nom.

Vient ensuite le bassin ou circuit de la *Morinière*, dont la principale maison, que l'on y voit à mi-côte, est si agréablement située.

Puis et encore celui de la *Guillardière*, vis-à-vis *Saint-Pierre de Courson.*

Et enfin, par-delà ce dernier, l'agreste vallon qui fait face au village de *Moutiers-Hubert*, lequel serpente et se divise au milieu des grands bois appelés *Buisson-Penel*, dont il sera parlé plus au long dans la dernière promenade.

Il est encore quelques vallons plus ou moins éloignés de *Fervagues*, que je crois devoir indiquer aux amateurs de belles et longues promenades.

A deux lieues environ du côté de l'*Est*, sur la droite et un peu en deçà du village de *Bienfaite*, l'on trouve celui de la *Cressonnière*: ce vallon, vu de la côte boisée qui le domine, présente un aspect tout à la fois riant et sauvage; l'on y voit une petite église et deux moulins, dont un à papiers; quelques bâtimens et un colombier que renferment les fossés encore existans d'un vieux château démoli; son enceinte, assez spacieuse en cet endroit, est arrosée par un large ruisseau et par plusieurs courans d'eaux vives qui jaillissent des sources voisines.

Non loin de celui-ci, à peu près à la même distance de *Fervagues*, sont les pittoresques vallons de *Tordouet*, dont l'un des hameaux renferme une église gothique qui fut jadis un hospice des Templiers.

Et puis, à une petite demi-lieue au nord de ce dernier, sur la gauche, est le vallon de *Saint-Pierre de Maillot*, lequel se partage, s'étend et remonte vers *Fervagues;* et, ainsi que les deux précédens, a son embouchure dans la vallée d'*Orbec*, et prend aussi sa source dans les plaines d'au-delà des bois *du verger*.

Promenade dans la vallée au nord.

Si l'on se dirige dans le sens opposé à la précédente promenade, soit par le chemin de Lisieux, ou partiellement par les sentiers des herbages qui s'étendent vers le nord, pour aller voir la chute des belles eaux et la position du moulin des *Forges* ou de *Prêtre-Ville,* l'on découvre d'abord, sur la droite, une suite de champs labourés et plantés de pommiers, lesquels bordent le grand chemin : vient ensuite un enfoncement ou *bas-fond* qui s'étend vers l'endroit appelé *les Roncerées.*

Sur la gauche, l'on voit comme un amphithéâtre de coteaux boisés, dont les bois et la maison de *Bernière,* les jolis sites d'*Hoquainville,* l'habitation et les bois de *Caudemonne,* suivis d'une longue terrasse de verdure, offrent des aspects variés et des plus champêtres.

Si, ensuite, après avoir visité le susdit moulin, l'on traverse la grande route, et l'on se dirige sur la droite, au-delà de *Prêtre-Ville,* en prenant un petit chemin bordé d'arbres et d'épaisses haies, l'on arrive bientôt dans l'un des deux vallons qui ceignent la partie élevée du village, et s'étendent, en deçà, vers les bruyères de *Glau* et *Saint-Pierre de Maillot.*

Puis, en longeant d'un peu loin le grand chemin et la vallée, et en passant comme on peut à travers champs, prés et bruyères, l'on peut revenir par un autre vallon appelé *Val-de-Loup*, où l'on rencontre une cabane ou mazure isolée et non habitée (1); enfin, et de suite, par les belles allées ou par le creux des bois et de la ferme *du verger*.

Je ne cherche point ici à dépeindre autrement, et les belles pelouses, et les sentiers unis qui les traversent, et les coupes romantiques de ces vallons; ni tout le pittoresque de ces bouquets de bois, de ces frais et rians bocages bordés ou entrecoupés de prairies toujours vertes; ni cette énorme quantité de sources abondantes qui entretiennent leurs ruisseaux; ni enfin toutes ces eaux jaillissantes qui, de chutes en chutes, coulent en murmurant sous d'épaisses haies, et fuient ainsi dans le lit ou ravin qu'elles ont creusé au milieu de la belle verdure des prés.

Désigner simplement les sites les plus remar-

---

(1) *Val-de-Loup*, ainsi appelé faute de nom pour le désigner; et aussi, tout naturellement, par l'aspect sombre et solitaire que présente entre deux bois l'une de ses extrémités.

quables d'une contrée, quand je les ai vus plusieurs fois, m'est chose assez facile; mais il n'en est pas de même dès qu'il s'agit de les décrire en les désignant, et de donner ainsi au lecteur le désir d'aller les visiter. Je voudrais cependant, non-seulement figurer les sites en masses, mais les détailler de telle sorte qu'il les vît ou crût les voir réellement. C'est ainsi que j'aimerais à le conduire au sommet des montagnes et au centre de vos bois, dans vos hameaux, près des demeures isolées et si paisibles des habitans, de ces demeures bâties au milieu des vergers, et où le calme de leur vie est si bien en rapport avec le profond silence qui règne dans ces cantons; il se représenterait ces habitations rustiques que les feuillages touffus des arbres qui les cachent presque entièrement, dérobent souvent à la vue du passant, comme ils laissent à peine entrevoir les clochers pointus de leurs petites églises, toujours si bien placées pour embellir le paysage.

Article VIII.

Tableaux atmosphériques.

Quel que soit le désir ou le goût que l'on peut avoir d'aller sans cesse par monts et par vaux, et de battre ainsi la campagne, il est cependant à propos de donner quelque répit à quiconque veut bien nous suivre. C'est dans ce dessein, Monsieur, et pour vous entretenir en passant de quelque autre chose que je vais essayer de décrire et de présenter aux yeux du lecteur quelques-uns de ces effets ou mouvemens physiques tels que j'en ai vus et observés plusieurs fois dans votre vallée et ailleurs. Je ne veux pas pourtant m'écarter tellement de votre canton, ou soit de mon sujet, que je ne puisse facilement y revenir, et reprendre le fil de mes promenades.

Ainsi que je me plais à reporter mes regards vers tous les points les plus élevés de votre belle contrée, de même aussi j'aime à les diriger parfois vers les régions supérieures; peut-être même les étendrais-je par-delà notre tourbillon, si le temps et le lieu me permettaient de percer, d'un regard plus pénétrant encore, les fluides aériens qui nous enveloppent et nous retiennent ici-bas, et de franchir ainsi et tout à la fois les espaces célestes qui nous séparent des approches, ou soit des portes de l'empyrée.

Je commence par l'un de ceux que l'on ne voit bien distinctement que du fond des vallées; qu'étant placé aux pieds des montagnes ou des coteaux qui s'élèvent en emphithéâtre, d'où le point de mire peut s'étendre en différens sens : celui-ci me paraît remarquable tant par ses mouvemens ou effets (lesquels varient selon la nature des lieux et la température du moment), que par la diversité d'objets qu'il découvre et cache incessamment à la vue ; effets d'optique, en quelque sorte, et pour ainsi dire magiques, lesquels ont lieu par le concours immédiat des élémens qui les produisent, et veulent et doivent être saisis incontinent.

C'est lorsqu'au lever ou peu après l'apparition du soleil, par un temps calme, l'on voit fuir, à plus ou moins de distance et raser le sol en roulant sur eux-mêmes, une suite non encore interrompue de longs et épais brouillards, lesquels, poussés par l'air ou par ces fluides aériformes que la chaleur de ses rayons dilate dans leur sein, ou soit par ces légers vents qui s'élèvent de terre, les agitent, les meuvent en tous sens, et les dispersent bientôt en lambeaux déchiquetés ou en bandes alongées obliquement à l'horizon ; et lorsque, bientôt après, ces vapeurs grisâtres s'étendent d'abord aux pieds, puis couvrent les flancs, tournillent et s'élèvent lentement au-dessus des collines plus ou moins rapprochées ; et qu'entre temps qu'elles marchent ainsi, en se traînant silencieusement, l'on aperçoit çà et là, entre et à travers ces masses fluides, une portion de paysage ou d'un bois, celle d'une église ou de la pente d'un coteau, ou soit un site tout entier qu'elles entourent en s'élevant, et dont elles forment comme le cadre des tableaux qu'elles nous montrent momentanément, et nous dérobent aussitôt à la vue.

Ensuite de quoi on les voit ordinairement s'élever comme perpendiculairement dans les airs, y former les nuages, couvrir entièrement l'horizon et retomber en pluies, ou bien s'y grouper en masses semblables aux sommets des monts couverts de neige; et alors, soit comme effet ou par suite de l'aplomb des rayons du soleil, ou de leur position respective entre lui et nous, on les voit quelquefois s'y revêtir d'une bordure lumineuse, quant à l'éclat, telle que celle que forme l'anneau ou ce qui reste du disque de cet astre, lorsque la majeure partie de son centre est totalement effacée par un corps opaque; enfin, varier ainsi et de mille manières les magnifiques spectacles que la nature offre parfois à nos yeux.

C'est le plus souvent vers la fin de l'été, au commencement du printemps, et au moment où les vapeurs de la nuit vont se dissiper, que ces sortes de phénomènes se montrent le plus fréquemment; et c'est surtout dans les pays montagneux que les brouillards du matin nous les présentent en grand, et souvent sur plusieurs points à la fois, dès que, d'un lieu élevé, on les voit se former au-dessous de soi à plus ou moins de distance, s'épandre ensuite en rideaux au-dessus des fleuves et des plaines qui les avoisinent ; ou soit à la surface des lacs et des terreins marécageux, ainsi que dans le fond des vallées de quelque étendue, lorsque celles-ci renferment une rivière plus ou moins spacieuse, laquelle reçoit les eaux courantes de tous les ruisseaux des vallons aboutissans.

Lorsque les vapeurs de la nuit ne s'élèvent que fort peu dans les basses régions des météores (lesquelles recèlent le tonnerre, et où se forment la grêle, la neige, les pluies et les tempêtes), et qu'après s'être divisées en masses informes entassées les unes sur les autres, elles s'étendent ensuite et se transforment en un brouillard plus ou moins diaphane, selon qu'elles sont plus ou moins élevées sur l'horizon ; alors, ou elles se soutiennent ainsi pendant tout le jour, ou elles se dissolvent en pluies fines et partielles, à l'aide desquelles, dès que le soleil parvient à les éclaircir de nouveau, il produit ainsi, et assez souvent, l'arc-en-ciel (1) ; ce prisme

(1) S'il est vrai que la lumière donne le mouvement

naturel, cette grande et majestueuse auréole de la nature, laquelle est en quelque sorte à notre horizon, ce qu'aux yeux de l'imagination le cercle polaire est à notre hémisphère terrestre ; phénomène unique et de paix, dont l'aspect semble nous inspirer ou rendre ces idées de joie et de consolation que l'on y rattache depuis les premiers temps du monde.

à la nature, la lumière en est la vie comme la chaleur en est l'âme : si le feu de la nature est sensiblement le principe de la chaleur comme il l'est visiblement de la lumière, lors même qu'il ne flambe pas (ce que l'on a pu remarquer par le plus ou moins d'éclat que jette un fer rouge), la lumière peut-elle exister et être absolument dépourvue de chaleur ?.... Les physiciens qui prétendent que le soleil n'est pas le principe de la chaleur, ainsi qu'il l'est de la lumière, mais qu'il en est seulement le moteur ou l'agent indirect ; qui croient que ses rayons ne font autre que de la développer en frappant le grand réservoir de la matière électrique ; et ce, par cette raison qu'ils ne fondent pas les neiges éternelles qui couvrent les sommets des hautes montagnes ; ceux-là, dis-je, ont-ils bien fait attention à l'obstacle naturel qu'y apporte, ou que semble devoir y apporter la rareté de l'air ou soit le froid de l'atmosphère supérieure? Je ne sais : ce sont là des réflexions que je fais en passant, des objections que j'abandonne pour ce qu'elles sont ou peuvent valoir ; et c'est un point que je laisse à d'autres à éclaircir.

Si, au lieu de redescendre et de se dissoudre, comme il vient d'être dit ci-dessus, les nuages s'élèvent encore, se rappetissent et s'*amincissent* à nos yeux; si, par un effet de l'état de l'air, ou soit, et de l'attraction du soleil tout ensemble, ils parviennent à un certain degré d'élévation et s'y arrêtent, ils y forment alors ces masses presque arrondies et éclatantes de blancheur qui, bientôt et sous mille formes différentes, nous paraissent suspendues verticalement au-dessus et dans les espaces qui embrassent les deux premières régions.

Et, si ces météores dépassent ce point de hauteur, s'ils atteignent celui où ils sont condensés par le froid de l'atmosphère supérieure, c'est dans cette couche la plus élevée de toutes, que nous les apercevons alors comme immobiles, à travers ou par les éclaircies des couches inférieures (où l'on voit souvent et tout ensemble d'autres météores aqueux se croiser et fuir rapidement au-dessous de ceux qui occupent le haut des airs); c'est dans cette région, dis-je, où semble toujours régner le calme des élémens, que les nuages s'offrent à la vue sous tant d'aspects agréables, soit en nappes oblongues étendues parallèlement à l'horizon, ou en barres étroites et alongées, soit en rideaux unis ou pommelés, ou bien en voiles transparens de la plus grande blancheur, derrière lesquels la lune se cache quelquefois comme pour adoucir encore l'éclat de ses rayons, et s'offrir plus modestement à nos regards. C'est là aussi que, dès l'aube et le soir du jour, ces météores se colorent de teintes nuancées d'or, de rouge ou de pourpre ; et que, sous mille formes plus ou moins régulières ou bizarres, ils nous présentent l'étonnant et superbe spectacle d'une grande partie du ciel comme embrasée ou couverte de nuées de feux.

C'est encore et aussi vers le temps des équinoxes, lorsque le soleil passe ou va passer sous l'équateur, que ces magnifiques tableaux se représentent le plus fréquemment ; c'est au moment même ou immédiatement avant le *lever* comme après le *coucher* du soleil, pendant le peu d'instans que ses rayons frappent et dorent les nuages de bas en haut, et qu'ils décrivent des lignes plus ou moins obliques, lesquelles partent alors d'un seul point de l'extrémité de notre hémisphère, que ces gerbes de lumière et de feu semblent enflammer les météores, et comme flamboyer au travers et autour des nuages ; et, tout en s'élevant peu à peu, à mesure que le soleil semble descendre, ces jets de feu et de lumière forment ainsi cette gloire majestueuse dont les rayons, après nous avoir frappé de tout leur éclat, s'inclinent insensiblement dans le sens inverse, tournent comme sur eux-mêmes, jusqu'à ce qu'ils s'éteignent et disparaissent pour nous dans cette partie des cieux; mais pour reparaître de même, et dans peu d'heures, dans celle qui leur est opposée, le soleil ayant alors parcouru la moitié de son orbite dans l'écliptique, et s'étant ainsi montré aux divers peuples de la terre.

Si, partant de ce dernier état de choses, il arrive que la dispersion ou dissolution des nuages s'opère généralement dans les diverses régions de l'atmosphère, c'est-à-dire, si la raréfaction ou la nature de l'air y devient telle qu'elle en rétablit nécessairement la transparence, alors se découvre peu à peu un ciel tout d'azur où nous voyons reparaître successivement nos planètes et leurs satellites, tous ces corps opaques que l'astre du jour inonde de ses flots de lumière pendant la nuit, et qu'il fait briller à nos yeux de ce doux éclat qu'elles nous réfléchissent, lequel pénètre à travers l'ombre de la terre pour arriver jusqu'à nous.

Alors, dis-je, par la dispersion totale des météores visibles, comme par l'absence de ses rayons sur notre horizon terrestre, cet astre nous dévoile le firmament, et permet à la vue de pouvoir percer jusqu'à cette extrémité des cieux où l'on voit étinceler et briller tout à la fois cette innombrable quantité d'étoiles fixes; tant celles qui, par leur nombre, épaississent la voie lactée, cette sorte de zodiaque apparent où elles sont ammoncelées comme les grains de sable sur nos rivages, que celles que nous y distinguons sous le nom de *constellations*, lesquelles ornent si majestueusement notre hémisphère céleste, cette voûte incommensurable dont l'idée et l'aspect embrassent l'univers, comprennent l'infini, DIEU...., et l'éternité.

ARTICLE IX.

Maintenant, Monsieur, il me faut rassembler de nouveau tous mes petits moyens, et les réunir comme en un faisceau, afin de pouvoir continuer la douce tâche que je me suis imposée, et, s'il se peut, amener à bien ce qu'il me reste encore à vous dire, à narrer ou à décrire; certes, je pourrais m'arrêter ici, mais ce serait tarir trop tôt la source d'où découlent mes passe-temps les plus agréables; et le plaisir que je trouve à vous consacrer quelques jours de loisirs, de bonheur et de repos, l'emporte sur toute autre considération. En conséquence, je rappelle et j'invoque de nouveau les trois déités ou *mémoires* dont j'ai déjà parlé, puisque je leur dois de m'avoir, jusqu'ici, plus ou moins efficacement secondé.

Et pourquoi, d'ailleurs, quand je suis assez heureux pour que rien ne me presse; quand je suis libre de me promener ainsi, en long et en large, dans le vaste champ des idées, des réflexions et des choses, ne m'écarterais-je pas un peu, et de fois à autre, de mon droit chemin, ou soit de mon but principal? se peut-il, en effet, que je parcourre de haut en bas et de bas en haut tous les sites et lieux qui s'offrent à ma vue sans y donner ou leur prêter quelque attention? non, assurément; et c'est alors, c'est par cette même raison que j'aime à me livrer, et que je m'abandonne volontiers à toutes les rêveries ou réflexions qui me passent par l'esprit; surtout, et de prédilection, à ce vague d'idées ou de pensées que me suggèrent et m'inspirent les objets et les choses naturelles, quelque peu amusantes, quelque peu intéressantes qu'elles puissent être pour d'autres.

S'il est vrai qu'à tout âge, et quelle que soit notre condition, nous avons besoin de distractions agréables; qu'indépendamment du bien-être réel dont nous jouissons ou pouvons jouir,... (ce que l'on ne compte guère que pour peu) il nous faut des illusions, ou soit des jouissances un peu relevées; et qu'enfin la fiction nous plaît, nous charme tout autant ou plus que la réalité elle-même; eh bien! à défaut de celles-ci, je me complais dans mes souvenirs; j'y trouve, en partie, une sorte d'alimens propres à nourrir l'imagination et à entretenir mon esprit de l'autre.

Il est certain, et la société nous en fournit chaque jour la preuve, qu'il arrive un temps où partie de nos plaisirs, sinon les plus vifs, du moins les plus doux, se rattachent plus ou moins directement à nos ressouvenirs; que s'il en est, parmi eux, qui peuvent et doivent attrister la pensée lorsqu'ils se représentent à l'esprit, il en est en plus ou moins grand nombre que l'on aime, que l'on cherche à se rapeler et à retracer dans la conversation; ou qui s'offrent d'eux-mêmes comme pour effacer la mémoire ou adoucir l'amertume des autres.

C'est lorsque la nature des souffrances morales est inhérente à la sensibilité; lorsque ces souffrances ont aussi et tout ensemble quelque charme en elles-mêmes, qu'il doit y avoir, et qu'il y a comme une sorte de douceur dans leur souvenance, je dirai même jusque dans les regrets. Qui d'entre nous, à un certain âge, ou jeune encore, n'en compte pas déjà de cette espèce? de celles-là mêmes qu'il mettait naguère ou jadis au nombre des plus délicieuses de sa vie....? — Certes celui-là n'eût point senti son existence, eût ignoré la source réelle des jouissances les plus délicates, qui n'eût jamais éprouvé de ces légers tourmens, qui proviennent ou sont des conséquences naturelles de nos plus douces sollicitudes; j'entends de cet intérêt plus ou moins vif qu'il faut à notre cœur, et dont la privation nous eût laissés comme totalement ou presque indifférens à tout, à la bienveillance comme à l'amitié, à la bonté comme à l'amour....; de cet intérêt, dis-je, d'où naissent et découlent ces douces peines de l'âme, lesquelles colorent notre existence d'une légère teinte de mélancolie, retiennent la joie ou le bonheur comme en suspens, et dont on aime à se nourrir dans la solitude et le silence, sans jamais désirer d'en guérir.

Quand la mémoire retrace le passé à notre esprit et rappelle les temps de nos plaisirs les plus vifs, ces instans si fugitifs de bonheur que nous n'envisageons aujourd'hui comme heureux que comparativement; lorsque, dis-je, les ressouvenirs font vibrer encore dans notre âme les mêmes cordes qui la touchèrent alors si vivement; la mémoire que nous en conservons ne doit-elle pas encore avoir, et n'a-t-elle pas en soi une sorte d'intérêt, et dans cet intérêt n'y a-t-il pas une sorte de douceur?

Ce n'est pas là, je crois, une simple opinion, c'est plutôt un sentiment; c'est un point ou l'une de ces choses que l'on ne peut guère juger qu'avec le temps; et, dès qu'il est venu, chacun en juge alors à sa manière.

Je suppose, Monsieur, qu'à travers ces réflexions, que j'abandonne pour ce qu'elles sont, vous pénétrez mon dessein, vous jugez où je veux en venir : mon désir serait que le contenu de cette Lettre vous fût une preuve bien évidente de ce que je viens d'avancer; ce serait alors un motif de plus pour oser croire que vous accueillez avec toute l'indulgence que je réclame, et mes petites Observations, et les faibles Descriptions que je vous adresse, quel que puisse être d'ailleurs le prix que l'on pourra y attacher : elles sont aussi, et tout ensemble, un hommage que je prie madame de Custine de vouloir bien agréer; et un tribut que je dois et que j'aime à payer au beau pays de Fervagues, pour tout le plaisir que j'ai eu à le voir, à le revoir, et à le parcourir de nouveau.

Je sais qu'une meilleure plume, et mieux exercée en ce genre, pourrait traiter ce sujet d'une manière tout à la fois plus digne de vous et des lieux; mais, si j'ose le dire ici, quelque chose (et c'est ce qui, selon moi, peut lui donner ou y ajouter quelque prix) quelque chose, dis-je, manquerait peut-être à la description qu'un autre ferait de la situation de votre château et des sites qui l'environnent, s'il ne les avait vus et revus bien des fois, avec les yeux et le cœur du *troubadour de Fervagues*.

ARTICLE X.

Promenades.

Comme le moment est venu de faire trève aux digressions, je vais, Monsieur, désigner encore quelques-unes des promenades favorites que les habitans du Vieux-Château font assez souvent pendant les beaux jours d'été et d'automne (1); j'y rattache simplement, et en passant, le souvenir des longs entretiens que nous eûmes quelquefois durant ces petites excursions: je ne veux ni ne dois les spécifier ici, je ne fais que rappeler les conversations intarissables, plus ou moins vives ou plus ou moins sages, philosophiques ou métaphysiques, sur les hommes et les choses de ce bas monde; comme aussi, de fois à autre, sur celles de celui d'en haut.

---

(1) Puisque vous savez très-bien l'italien, et que vous aimez à le lire, je profiterai de la circonstance pour vous écrire la dernière en cette langue.

Première. Au nord du château, celle d'*Hoquainville*, par le *préveron* et les champs labourés qui sont sur la gauche, en de-çà de Saint-Aubin; et de suite, par l'un de ces chemins presque entièrement couverts du feuillage des arbrisseaux et des grandes haies qui bordent les prairies à droite et à gauche, lequel conduit à une petite éminence dont l'herbe et les ronces recouvrent un tertre ou monceau de ruines, où l'on aperçoit encore debout quelques restes d'un ancien château; de là l'on passe auprès ou par le cimetière de la silencieuse église de ce hameau, dont la position élevée, ainsi que le massif d'arbres qui l'entoure, forment un joli point de vue pris en perspective de tous les points de l'autre côté de la vallée.

Si l'on continue à suivre le chemin qui descend dans la vallée, l'on rencontre bientôt le courant des eaux de la rivière, lesquelles, séparées d'abord par plusieurs petits îlots, viennent se réunir auprès et autour de la maison si champêtre du meunier, y font tourner plusieurs roues de moulins, et passent un peu plus loin sous un pont d'où elles tombent en nappes, à gros bouillons et avec fracas, dans un bassin large et profond où, et avant d'en sortir, elles refluent par les côtés vers le point de leur chute, comme pour en mesurer la hauteur; puis s'écoulent tranquillement dans les prés, sous des saules et des buissons qui, placés çà et là, les ombragent, semblent s'y mirer, nous en désignent aussi le cours sinueux et ajoutent aux charmes de leurs bords toujours verts.

Deuxième. A l'ouest-nord, celle des bois de *Bernière* et de *Caudemonne*, lesquels dominent la vallée de ce côté : puis, en prenant sur la gauche, celle qui conduit à la *Pommeray*, aux demeures si tranquilles qui peuplent l'un des côtés et les alentours *de la platte-forme aux beaux arbres ;* endroit charmant et des plus pittoresques, dont Madame et vous avez dessiné le joli paysage. Par le nom de *platte-forme*, j'entends cette belle et longue prairie, élevée entre deux petits vallons qui semblent la soulever, lesquels vallons se rejoignent à l'autre bout où ils n'en forment plus qu'un seul. Je désigne cet endroit par ce dernier qui se dirige ensuite et va se rendre dans la grande vallée près du moulin de *Prêtre-Ville*, au pied de la jolie terrasse qui fait face à ce village.

Le retour de cette promenade, à partir de la *platte-forme*, a ordinairement lieu par les *bois des ventes* et les plaines d'à côté ; et de suite, par l'un ou l'autre des deux vallons qui avoisinent et font ressortir, de chaque côté, le coteau boisé sur lequel est située la petite église de *Saint-Aubin*.

Troisième. Au sud-sud-ouest, celle du joli coteau

des *Loges*, en allant d'abord par la ferme ou le vallon de *Cheffreville*, et en traversant l'une des plaines coupées de haies et de vergers que l'on trouve sur les hauteurs, de ce côté, pour arriver au calvaire.

Ce coteau est d'un riant aspect : le vallon et les points de vue de ses environs, dont l'un s'étend vers la vallée d'*Auche*, frappent agréablement la vue. En y arrivant par le côté dit *du Calvaire*, l'on aperçoit sur la droite un bois de chêne placé en amphithéâtre, lequel couvre une moitié de la côte et domine le village, dont la position, ainsi que celle de l'église et de quelques maisons isolées, offre aux regards l'un des plus jolis paysages des environs de *Fervagues*.

Au delà, sur le revers de ce coteau, l'on découvre un bois de sapins contigu à l'autre, dont le feuillage, d'un vert très-foncé, contraste singulièrement avec celui des autres arbres : le centre de celui-ci, lorsque l'on s'y arrête, présente à l'imagination un vaste temple soutenu par des milliers de colonnes blanches qui fuient en tous sens sur un plan incliné, et y forment comme une suite de pilastres dans l'éloignement; la voûte élevée et sombre de ce *temple figuré* semble toucher aux nues ou se confondre avec le ciel; et je me la représente comme parsemée de diamans, lorsque pendant la nuit, à travers le vide de ses rameaux, l'on y voit briller les étoiles.

Quatrième. Au sud, celle dans l'un des bois que l'on aperçoit vis-à-vis le village de *Courson*, dont la situation, vue de l'un de ces points élevés, forme un des plus jolis paysages des environs; c'est du haut du premier de ces coteaux, lequel est couvert d'un bois de hêtres et présente une terrasse dans presque toute sa circonférence, que l'on découvre aussi, tant sur la droite que sur la gauche, une fort grande étendue de pays dans les directions du sud et du nord; et l'on y distingue, jusque dans l'éloignement, les agréables perspectives qu'offrent les coteaux du côté de l'est et de l'est-nord.

La position élevée de ces deux bois est tout à la fois agreste et majestueuse; d'un côté, ils planent presqu'à pic sur la grande vallée; et de l'autre, sur un petit vallon creux et fort étroit qui les sépare, et dont le sombre aspect est encore rembruni par les ombres obliques de celui de ces deux bois qui, selon l'heure du jour, se trouve être placé du côté du soleil, tant ils sont peu éloignés l'un de l'autre, élevés au-dessus de ce vallon, et l'obscurcissent dans toute sa longueur.

Or avant que de passer à la dernière, que j'écrirai

en italien, je crois devoir retracer en peu de mots, et l'intérêt vrai que l'on trouvait, et tout le plaisir que l'on se promettait au retour de ces courses champêtres....

Indi poi e ora mai, anche ridir' vuo', perche me ne piace la rimembranza, quanto sì appresso a questi bei spassi e passeggi era gradevole il ritornar' al focolare : e la quiete ed il riposo che allora si suolea goder' vi, già con tutta fiducia nei lieti oppur' spiritosi trattenimenti in dove quella che usavano altre volte i nobili cavalieri, lealtà; questa che in essi è così giustamente lodata, presiedea; dico pure di quella in seno a cui si suole ancora godersi sollecita, dolce e sincera amistà ch' in se rinchiude, e di cui sorgono i più veri godimenti, ò sia il ver' e'l più consolante compenso a gli affanni.

Anco dunque, in quest' oggi, aggiunger' voglio a quei passati spassi, oppur' a questa qualunque sia descrizzione, l' ultimo e gran' passeggio fattosi colle dame....

Quinta edultima passegiata. All' austro, per la strada e' l villaggio di *Courson a Moutiers-Hubert*, cioè nella spaziosa eppure vallicosa forestà in dove ricevemmo (e anche le belle donne i di cui piedi, forsè con troppe strettezza calzati, ne patirono) quella pioggia *pos-*

tume, ò sia rugiadoso umore che ci versavan del folto ramo, e da venti mosse, le fronde ò cesti d'alberi : dico pure in cui nonostante, vogando poì per caso e come a gara, infine incontrammo quel' ronchioso ed alpestre sentiero che ci condussè, e da questo che scendemmo, al fondo delle selve, in quell' eremo ed ombroso vallone il di cui tetro aspetto, l'intrigo e le sinuosità, avemmo a grado e maravigliaronci : là, dove stanno queste che fanno spelunche, ritiro, ò siano concave rupi (in dov' appena penetra là luce) facendo vi si strada sotto l'alpestro colle : lì, anche, in dove si vedono quelli che vanno da lato ne' vallucci chiuse, verdi prati ed aprico terren', e di cosi bell' aspetto da fondo in sù.

In dì poî, seguitando più in là, e a destra volgendo i passi, il lungo e dubbioso sentier' d'in giù alle altezze della gran' selva, per la spinosa già ed alpestra calle. Eppur' cosi di seguito, e in poi scesi per lo grand' e bel cammino di là a basso della forestà, ed aver'vi trasalito un'gorgogliante e limpido rivo, il nostro e così tardo ritornar' allo quiete albergo; non già d'osteria nè di rozzo ovile quà favello, ma di quel campestre azilo in dove da semplice, ma così buona gente, l'urgente e ristorativo pasto fù preso, mentre e primà asciugandosi i piedini le dame.

Quindi, il tornar' nostro, vossignoria ed io, a rimirar' la contrada, cingendo in sù la più alta parte della foresta; poi di là in giù a valicar', bel bello, lo gia detto e selvatico vallone, mentre già ch'altrui ci aspettava e di noi cercava il mandato messagier'; favello di quello che affacciendosi, di tema subito ferì madama; e tosto poi lietamente essa e gli altri sorpresè colla grata novella di cui fè egli parte, cio è in sapendo la giunta al castello del distinto e nobil' signore di C... B..., primà di poter' ancora far'ví ritorno.

Quivì, lontano dall' invida turba,
Colui felic'è che dell' altrui bene
Non s'ha nè cura nè sturbo da brama,
E in dolce oblio quieto ne gode :
Simile all' onda del ruscel' che scorre
Nel verde prato abbellito di fiori ;
Così tramonta degli anni 'l bel corso
Chi del ver' cerca e si adorna lo spirto.

FIN.

DE L'IMPRIMERIE DE MOREAU.

AVIS.

Le Libraire KLEFFER (1) se charge de l'impression de tous les ouvrages dont la partie typographique doit être soignée ; il traite avec les auteurs pour l'achat de leurs manuscrits et la vente de leurs productions ; on trouve chez lui les meilleurs livres de jurisprudence, de littérature et scientifiques. Ayant souscrit pour un grand nombre d'exemplaires aux bons ouvrages parus depuis quelques années, les personnes qui l'honoreront de leur confiance participeront aux avantages qu'il a obtenus. Les meilleurs morceaux de musique se trouvent aussi dans son magasin à des prix très-modérés. Les emballages sous toile se font *gratis*. Il fait les abonnemens aux journaux et autres ouvrages périodiques.

(1) Rue d'Enfer-Saint-Michel, n° [illegible]

www.ingramcontent.com/pod-product-compliance
Ingram Content Group UK Ltd.
Pitfield, Milton Keynes, MK11 3LW, UK
UKHW022139190726
13855UKWH00003B/1242

9 782013 034050